Vente du Samedi 24 Février 1883

HOTEL DROUOT, SALLE N° 8.

BEAUX

DESSINS ANCIENS

PRINCIPALEMENT

DE L'ÉCOLE FRANÇAISE

EXPOSITION PUBLIQUE

LE VENDREDI 23 FÉVRIER 1883

De une heure à cinq heures.

COMMISSAIRE-PRISEUR

Mᵉ PAUL CHEVALLIER, Succʳ de Mᵉ CH. PILLET

10, rue de la Grange-Batelière.

EXPERT

M. E. FÉRAL, Peintre, 54, rue du Faubourg-Montmartre.

CATALOGUE

DE

BEAUX

DESSINS ANCIENS

PRINCIPALEMENT DE L'ÉCOLE FRANÇAISE

PARMI LESQUELS

Dix remarquables sujets par FRAGONARD pour illustrer les Contes de La Fontaine

ET AUTRES

Par Berghem, Bonington, Boucher, Van Goyen, Granet.
Greuze, Latour, Liotard, Mallet, Moreau le Jeune, Nattier, Prud'hon.
Saint-Aubin, Van de Velde, Watteau, Wille, etc., etc.

DONT LA VENTE AURA LIEU

HOTEL DROUOT, SALLE N° 8

Le Samedi 24 Février 1883,

À deux heures.

COMMISSAIRE-PRISEUR

M° PAUL CHEVALLIER, Succ° de M° CH. PILLET

10, rue de la Grange-Batelière :

EXPERT : M. E. FÉRAL, peintre

54, Faubourg-Montmartre.

Chez lesquels se trouve le présent Catalogue.

EXPOSITION PUBLIQUE : le Vendredi 23 Février 1883,

De 1 heure à 5 heures.

CONDITIONS DE LA VENTE

———

La vente sera faite au comptant.

Les acquéreurs payeront *cinq pour cent* en sus des enchères applicables aux frais.

Paris. — Typ. PILLET et DUMOULIN, 5, rue des Grands-Augustins.

DÉSIGNATION .

BERGHEM (Nicolas)

1 — ANIMAUX AU REPOS.

Beau dessin.
Plume et encre de Chine.

BERGHEM (Genre de N.)

2 — PAYSAGE AVEC ANIMAUX EN MARCHE.

Crayon noir.

BONINGTON (Richard-Parkes)

3 — MOULIN AU BORD D'UN COURS D'EAU.

Jolie aquarelle. Signée.

— 4 —

BOUCHER (François)

4 — PORTRAIT DE JEUNE FEMME, LA TÊTE
DE PROFIL.

Crayon et pastel.

BOUCHER (F.)

5 — SUJET GALANT. — PASTORALE.

Crayon noir, rehaussé de blanc, sur papier gris.

BOUCHER (F.)

6 — VÉNUS ENIVRANT L'AMOUR.

Pierre d'Italie.
Modèle pour dessus de porte.

BOUCHER (F.)
PENDANT DU PRÉCÉDENT)

— NYMPHES ET AMOURS

Pierre d'Italie.
Modèle pour dessus de porte.

BOUCHER (attribué à F.)

8 — NYMPHE ÉTENDUE ET VUE DE DOS.

Sanguine.

BOUCHER (genre de F.)

9 — BERGÈRE VUE EN BUSTE.

Crayon noir et pastel.

CASANOVA.

10 — CAVALIERS EN MARCHE.

A la sépia, rehaussé de blanc, sur papier teinté.

CORRÈGE (Ecole du)

11 — LA VIERGE ET L'ENFANT JÉSUS.

A la plume et au bistre.

DELARUE.

(DEUX PENDANTS

12 — AMOURS JOUANT.

Jolis dessins, à la sépia.
Signés et datés 1788.

FRAGONARD (Honoré.)

13 — DIX DESSINS.

Charmantes et spirituelles compositions pour illustrer les *Contes de La Fontaine* et dont les sujets sont :

Le Mari cocu, battu et content.
Le Savetier.
Le Paysan qui avait offensé son seigneur.
Le Muletier.
La Gageure des trois commères.
Le Calendrier des vieillards.
A Femme avare galant escroc.
On ne s'avise jamais de tout.
Le Gascon puni.
La Fiancée du roi de Garbe.

A la sépia, de l'exécution la plus fine et d'une parfaite conservation.

FRAGONARD (H.)

14 — PARC AVEC PERSONNAGES.

Très beau dessin, au bistre.

FRAGONARD (H.)

15 — PAYSAGE AVEC FIGURES.

Fin et vaporeux dessin, à la sépia et au bistre.

FRAGONARD (H.)

16 — PARC AVEC FONTAINE ET FIGURES
AU PREMIER PLAN.

Sanguine.

FRAGONARD (H.)

17 — L'ÉTABLE.

Vigoureux dessin, au bistre.

GÉRICAULT (Théodore)

18 — COURSE DE *BARBERI*.

Croquis à la plume.

GOYEN (Jan Van.)

19 — PAYSAGE AVEC PERSONNAGES

A la pierre noire.
Signé du monogramme et daté.

GOYEN (J. Van.)

20 — SITE HOLLANDAIS.

Au premier plan, des pêcheurs dans un bateau.
Estompe et pierre d'Italie.

GOYEN (J. Van.)

21 — PAYSAGE AVEC CHAUMIÈRES.

Au premier plan, une charrette et des villageois.
Encre de Chine et pierre d'Italie.

GRANET.

22 — VUE PRISE DANS UN PARC.

Très belle aquarelle.

GREUZE (J.-B.)

23 — LA SOURCE.

Beau dessin, à la sanguine.

GREUZE (J.-B.)

24 — BUSTE DE JEUNE FILLE BLONDE.

Sanguine et crayon noir estompés.

GREUZE (J.-B.)

25 — DEUX FILLETTES ASSISES.

Encre de Chine.

GUARDI (François)

26 — PAYSAGE MONTUEUX ET ACCIDENTÉ.

Sépia.

GUARDI (F.)

27 — PAYSAGE — MARINE.

Plume et encre de Chine.

HEYDEN (Genre de Van der)

28 — VILLE DE HOLLANDE.

Très fin dessin, à l'encre de Chine.

HUBERT ROBERT (attribué à)

29 — ARCHES ENTOURANT UN BASSIN AVEC JET D'EAU.

Pastel.

LANCRET (Nicolas)

3o — ÉTUDE DE TROIS PERSONNAGES DONT
UN JOUE DE LA GUITARE.

Crayon noir et sanguine, rehaussé de blanc, sur papier
teinté.

LATOUR (attribué à Maurice Quentin de)

31 — PORTRAIT D'ACTEUR.

Rôle de Crispin.
Pastel.

LIOTARD (Jean-Étienne)

32 — JEUNE FEMME ARTISTE.

Crayon noir et sanguine.

MALLET

33 — INTÉRIEUR DE MAISON ITALIENNE.

Aquarelle gouachée.

MALLET (attribué à)

34 — INTÉRIEUR DU TEMPS DE LOUIS XVI.

Gouache.

MIERIS.

35 — DEUX ÉTUDES DE CHIENS.

Fins dessins, à la mine de plomb.

MOREAU LE JEUNE (J. M.)

36 — PARC AVEC PERSONNAGES.

Crayon et sépia.

NATTIER.

37 — PORTRAIT DE JEUNE HOMME.

Très beau dessin, légèrement coloré au pastel.

NATTIER (genre de)

38 — JEUNE FEMME EN BUSTE.

Pastel.

NATTIER (genre de)

39 — PORTRAIT DE JEUNE HOMME EN BUSTE.

Pastel.

PRUD'HON (PIERRE-PAUL)

40 — PAYSAGE AVEC PONT |ET LAVEUSES,
AU PREMIER PLAN.

Beau dessin.
Crayon noir sur papier bleu, rehaussé de blanc.

PRUD'HON (P.-P.)

41 — UN AIGLE.

Crayon noir, rehaussé de blanc, sur papier bleu.

PRUD'HON (P.-P.)

42 — COMPOSITION ALLÉGORIQUE.

Représentant Napoléon 1er sur un cheval ailé.

REMBRANDT.

43 — RETOUR DE L'ENFANT PRODIGUE.

A la plume et au bistre.

ROMAIN (genre de JULES)

44 — MARS ET VÉNUS.

Plume et sépia, rehaussé de blanc.

RUBENS (attribué à P. P.)

45 — L'ASSOMPTION DE LA VIERGE.

Importante composition.
Esquisse à l'huile, sur papier.

RUBENS (attribué à P. P.)

46 — MARCHE DE SILÈNE.

Sépia.

SAINT-AUBIN (attribué à)

47 — LES DENTELLIÈRES.

Pierre d'Italie.

SAINT-AUBIN (attribué à)

48 — JEUNE FILLE, EN BUSTE.

Dessin aux trois crayons, sur vélin.

THIENON.

49 — JEUNE FILLE DESSINANT.

Encre de Chine.

TRINQUÈSE.

50 — TÊTE DE JEUNE FEMME.

Crayon et encre de Chine.

VAGUA (Perino del)

51 — PORTE MONUMENTALE AVEC FIGURES ALLÉGORIQUES.

Au centre, les armes des Médicis.
Très beau dessin, à la pierre d'Italie.

VAN LOO (Carle)

52 — PORTRAIT DE JEUNE FEMME.

Pierre d'Italie et sanguine.

VELDE (W. van den)

53 — PLAGE AVEC PERSONNAGES. BATEAUX A VOILES, AU SECOND PLAN

Beau dessin, au crayon noir' et à l'encre de Chine.
Signé.

VÉRONÈSE (Paul)

54 — LA FORTUNE.

Figure allégorique à l'encre de Chine, rehaussé de blanc, sur papier bleu.

VÉRONÈSE (P.)

**55 — ÉTUDE D'HOMME DEBOUT, AVEC DEUX
FIGURES AU VERSO.**

Crayon noir, rehaussé de blanc, sur papier bleu.

VERSCHURING.

**56 — CAVALIERS FAISANT HALTE AUPRÈS
D'UNE AUBERGE.**

Beau dessin, à l'encre de Chine.
Signé.

VISSCHER (CORNELIS)

57 — CHIEN ÉPAGNEUL.

Estompe et crayon noir.

WATTEAU (ANTOINE)

58 — PASTORALE.

Charmant dessin, à la sanguine.

WATTEAU (François)

59 — LE DÉJEUNER CHAMPÊTRE.

Aquarelle.

WILLE (Fils)

60 — TÊTE D'ENFANT.

Très beau dessin, à la sanguine.
Signé et daté, 1783.

ÉCOLE FRANÇAISE.

61 — DIANE ET DES AMOURS.

Sanguine.

ÉCOLE FRANÇAISE.

62 — JEUNE FEMME DEBOUT.

A la pierre d'Italie, rehaussé de blanc.

ÉCOLE FRANÇAISE

63 — PORTRAIT DE JEUNE HOMME.

Pastel.

INCONNU.

64 — L'ADORATION DES MAGES.

A la sépia, rehaussé de blanc.

65 — LE COURONNEMENT DE LA ROSIÈRE.
LE PRIX DE L'AGRICULTURE.

Gravures en couleur, par Bénazet.

66 — Sous ce numéro qui sera divisé, seront vendus environ cinquante dessins en feuilles ou encadrés, des écoles française, hollandaise et italienne.

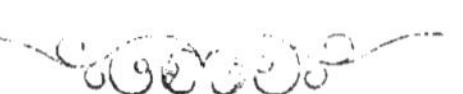

IMPRIMERIE PILLET ET DUMOULIN
Rue des Grands-Augustins, 5, à Paris.

www.ingramcontent.com/pod-product-compliance
Lightning Source LLC
LaVergne TN
LVHW011006180726
843502LV00007B/2370